암흑물질과

로 맨 스

이동형 시집

『암혹물질과 로맨스』

시인의 말 9

암흑물질

가위눌림	12
젠더Gender	14
외출	16
밤의 산책	18
과민	20
만원	22
점멸	24
나른한 해변의 오후	26
분위기 좋은 술집	28
크리스마스	29
사막 걷기	32
회식	33
휴일	35
울증	37
독신	38
외골수의 최후	39
변화의 힘	40
내벽의 어느 보관함	42
커피 페스티벌	43
극적 전환	44

로맨스

애무	49
장거리	50
소년의 이별	52
재즈와 신기루	54
정열의 형태	56
철들기	57
개성적 호소	58
야자실	60
노파	62
아침에 커피	64
냄새	67
소진	69
장의차의 창문	70
마른 물기	71
낙관	73
감정 트랜스미터	74
열병의 경로	76
새우잠	78

속편	79
핑크빛 폐허	80
잠식	82
녹색 늪	83
자백	84
과격한 모노드라마	86
충동	87
공명	89
LO-FI	92
처절한 이별을 보내마	94
우주의 기운	96
프리즘	98
『죽은 시인의 사회』 발췌	99
반향	101
사내 커플	102
숙면	105
입체성	106
실 거미	107

시인의 말

거리 곳곳에 양잿물이 흘러다닌다.

소리로부터,
우주로 향하면,

로맨스가 효시될 지점이 있으리라며
몇몇이 술회했다.

암흑물질

가위눌림

웬 육중한 남자가 어둠 속 비탈길을
송곳처럼 침투한다

피로가 달아나는 속도보다 느리고
고독의 완성을 알아차리는 것보다야 빠를 것

남자와 닮은 눈꺼풀은
잔물결이 치는 고요 속에 주저앉는다

흡사 괴이한 세상에 삼켜진 어린이가 된 것이다

달랠 시간이 없다
연거푸 그를 삼키려 들기 때문이다

수중의 잡음은 귓속에 촘촘히 또 무분별하게
점길을 박아 넣으려 시도한다

기우뚱 들이치는 매질이 묵처럼 변해
목청을 휘감는다

억지로 잔기침을 토해낸다
무너질 뻔했다

곧이어 금붕어 잔뼈 같은 욕설이
막무가내로 가슴에 퍼부어진다

눈알 한 짝을 사포질하듯 긁어내고
급기야는 떼어내려 한다

푸 끔찍한 생각으로 한바탕 치를 떨더니 다시
어기적어기적
어둠을 밀어낸다

좁은 보폭마다 조금씩, 허옇게 발자욱이 드러나자
퍽차악 외마디 파열음이 났다

젠더 Gender

예고 없는 폭풍우에 수린은 출근길 사이 홀딱
젖어야 했다

몇몇 아우성에 잰걸음을 재촉한다
구둣발이 찹찹.

온몸을 씻어 내리는 소낙만들.
붙박이 양산집에 들른 수린은
젖은 머리를 휴지 몇 장으로 닦아냈다

적당히 붉은 접이식 우산도 하나 산다
버건디에 가깝다

통쾌했다

차양 앞에서
가슴팍의 빗물을 쭉쭉 구겨내자
그윽한 눈빛이 차츰 푸르스름해진다

어머,
천둥.

덜컥, 실의에 빠진 한 여인을 떠올린다

두두두둑. 두두두. 타다다. 스스스스. 쏴아아

끔찍이도 아픈 비를 기꺼이 맞으려 한다
그러고 나면 무릎을 꿇려볼 수도 있고
무슨 짐승 소리 같은 괴성을 내지를 수도 있다
손바닥이 화끈거리도록 물과 마찰시켜 본다

수린은 어기찬 소용돌이가
생각만큼 힘이 없다며 빗물처럼 중얼거렸다

연차를 사용하겠다는 메시지는 이 비를
모두 타고 가야만 할 것 같았다

외출

어떤 여자가 갓 다려낸 듯한 노란 카디건을 입고 있다
새것은 아닌 게
어딘가 빛바랜 흔적이 있어,
거무튀튀하고 꼬질꼬질한 감상으로 스며들지만
가벼운 묘사라면
분명 누구나 노란색이라 답할 법하다

단추가 잘못 물리진 않았는지
이중으로 점검했지만
허리춤 나간 올들을 아직 발견하지 못한 것 같다
언젠가 여자를 와그르르
무너뜨리고 말 자유의 운명들은
열기를 머금은 실바람에도 저항 없이 나오려 한다

햇빛이 어지간히도 내리쬔다

그녀는 극장으로 뚝뚝 흘러 들어가고 있다

떠들썩해 보이는 영화와 여자는
두드러지는 표정 없이 서로를 탐색하곤 한다
이 감상의 종말은 어떻게 될 것인가

여자는 퍼뜩 밀실을 빠져나온다

로비는 조용했다
발 빠른 인파도 없고.

카디건은 온도 때문인지 옆엘 끼고 있다

여자는 이 영화의 엔딩을 알지 못한다

밤의 산책

여기 이 놀이터에선 평화롭고 음산한 밤 전체가
하나의 커다란 데시벨 측정기로 작동하여
얼마간의 소음도 용납하지 않고 있다

재빠른 것들은 각자 그림자만큼
상실될 궁리나 하고 있을 뿐
유난이라든가 별난 족속들은
침묵에 눈치를 보며 물러나야 했다

그때 밤과 어울리지 않던 활력이
숨 가쁘게 들이닥친다

이따금 앙바틈한 웃음과 엇박자의 걸음들
미끄럼틀 마찰음 따위의 무질서한 소음이,
질 좋은 물감처럼 서로 잘 배색된다

- 훈풍이 한밤의 평화로 몰려들고 있다

그냥 보내기엔 어려운 설렘 같은 것이
짝사랑처럼 번져 와
경계 가득한 마음은 눈 녹듯 사라진다

황홀경을 제대로 맛보려는 순간
바로크 팝이 뚝 끊긴다.

데시벨 측정기가 다시 작동하고
의식은 시작된다

과민

아침 기사의 비보는, 퍽 무거운 소재이다
한편 그것을 직접 본 일이 없으니,
진탕 술에 취한 지인에게 듣는
신세 푸념과 마찬가지
간이 위령제를 묵연히 염탐하던 소주병과,
지인을 들뜨게 했던 소주병의 상표가 같듯
타인의 죽음과, 농담조의 자살 호소랄까
그 둘은 이상하리만큼 강력하지도
불편하지도 않다

그러나 소주가 유난히 달다는 지인의 말에
얼굴이
잠깐 일그러지는 것이다
술기운에 경련이 일어난 건지
몽롱하니 구겨진 표정처럼 어딘가로 말려드는 느낌이다

별 영양가 없는 술자릴 늦게도 파하고
버스에 오르자 히터의 온기가 몸 위를 포근히 감싼다
두껍고 몽땅한 패딩에 얼굴을 파고든다
볼에 남은 기름기가 끈적히 넥카라에 묻는다
펄럭이는 코듀로이 바지도 그렇고,
포근한 이불 속에 있는 것만 같다

그랬던 것만 같아서,

신던 더비의 흠집을 모시 솔로 턴 다음,

천 바닥에 가지런히 놓아두고

다시 옷가지를 순차로 벗어내고

찬 줄도 몰랐던 작디작은 염주를

염주가

염주를 화장실 문고리에 걸고

나는 바닥에 누워 알몸으로 꼼짝도 않고

나는 바닥이 차지만 꼼짝 않고

앉아서 숨을 참기도 하고

참는 시늉을 하고

숨을 참는 중이라는 생각을 지우기도 하고

염주 닮은 자세로 갖은 표정을 지어보고

그 표정을 다시 반복하고

눈을 찡그리고

다시 반복하고

심장의 혈류를 따라가 보고

다시 숨을 힘껏 닫아보고,

닫아보고

닫아보다가

닫는 것에만 골몰하다

나는 어느 대원의 뜨거움을 반복 상상하고

만원滿員

피로에 찌든 김은
파고드는 사람들의 일부

그러지 않았어도
하나의 그림

범람하는 실루엣은 그런 걸 담아낸다

주식 교본은 직사각형의 스케치로 손에 들린다
온순한 김은 일종의 정지 상태다

철근 같던 야심은
금세 어디로 달아난 걸까

질긴 인내의 합은 하얗게 센 독극물처럼
목구멍을 메울 수 있다

그
순간

오로지 소멸만을 담당하던 꼬투리 시간조차
모조리 권피로 변모한다

녹슨 트랙터 소리를 내며
김의 눈꺼풀에 덕지덕지 붙는다
마법 같다 삶이 정말 마법 같다

굳을 대로 굳어버린 양심의 범위랄까
그런 것을 중식도로 정확히 절반
베어내고 싶다고 생각했다
어디로 튈지 몰라도

그러나 김은 옥에 티가 되고 싶지 않다

점멸點滅

 퇴근 만차 속에서 싱그러운 그 청년은
분명 들뜬 모습이었다 월요일,
주말의 기운을 미처 다 쓰지 못한 듯
그야말로 세차게 비가 내리긴 했으나
폭풍이 몰고 온 건 다름 아닌 청량감이었다
맵시 나는 헤드폰을 걸친 채 무슨 영상을 보더니
우스운 듯 실소하고 있다
얼마 안 가 일제히 표정을 감추고, 고개를 창가
쪽으로 돌려놓더니 젖은 풍경을 십 초가량 눈에 담고
돌아온다
발등에 검은 봉투가 채이듯 촉촉한 눈동자가
순식간에 뒤덮인다

 깜박거리는 신호등 유약한 쌀집 간판들 아우성이라
곤 없는 소극
 그것들이 가소롭지 않은 까닭은 이쪽 역시 관찰되는
처지기 때문이다
 민낯들은 삶이라는 난해한 범주에서 미화될 자격을
갖추기 위해 점진하고 있다
 엄지 하나로, 흐르던 가방을 들어 올려
 매무새를 단정히 해두는 모습은 확실히 시원스러운
데가 있었다 문득 아득하니 잠이 쏟아진다

잠깐 졸았던지 눈 안이 모래처럼 푸석해진다
청년이 무너진 꿈처럼 뿌옇게 보인다
두 번의 사막 횡단 동안 세 번의 물이 들이찼다
그간 정신없이 바라보아도
턱을 오랫동안 괴거나 서서 무언가를 읽는 등
그 모습은 여전히 어느 것도 의식하지 않는 듯한 몸짓이다

응축된 셔터 소리가 들린다
그의 주변이 잇따라 하품으로 물들자,
타자성의 심연으로 숨어들던 당신을 마치 몇 세기 동안 보아온 거 같다
이날 강수량은 시간당 30mm를 넘겼다

나른한 해변의 오후

 이 해변엔 하나의 거대한 활기가 있다
 여름휴가를 격정적으로 보내고자 하는 사람들의 정열에서
 맹렬한 파도로,
 또 아지랑이 때문인지 이를 흡수하는 듯한 뭉게구름이,
 하나의 유기체처럼 서로의 원기를 주고받고 있다

 한 소녀가 이 활력을 대단히 심도 있게 지켜본다
 무료한 시선이 닿는 곳마다, 헛된 욕망을 한 줌씩 거두기라도 하려는 듯
 그 방향은 반항의 비례성처럼 더 많은 격동으로 나아간다
 숨죽인 곳엔 가닿는 법이 없다

 몇 달 후엔 언제 그랬냐는 듯 강추위가 찾아올 것이다
 이 모든 생기와 정다움, 된더위 따위는 다소 움츠러들 전망이다
 쩡 바닥이 얼어붙을 것이다
 소녀의 어렴풋한 미소는 사실 그 겨울에 가 있다
 앳된 소녀는 쓸쓸한 미니 게임을 그만둔다
 사장에 파묻혀 따스한 평온을 느끼다가 짐짓

모래 알알들이 외로워 보였다
 매사 서글서글한 눈동자에 초점이 없고 뭉치 손으로 자꾸만
 모래를 죽이려는 듯 몇 차례나 시간을 무덤으로 보내고 있다

 미지의 우주, 숨김의 미덕을 아는 소녀는
 딱 드러낸 살갗만큼 생각이 들통나고 있다

 붐비는 해안에도 고요한 순간은 온다
 기침처럼 가는 소녀는 별안간,
 그 조악한 침묵을 서투르게 안아주고 싶었을 걸로 예견된다

분위기 좋은 술집

조명이 어둡고 시끌시끌한 술집
철없고 하찮은 사랑들이
먼지처럼 사방으로 흩어졌겠구나 준은 생각했다
보각 거품이 이는 맥주를 연거푸 들이켠다
준도 누군갈 사랑한 시절이 틀림없이 있었다
마음이 잿더미가 될 때까지 입 한번 달싹거리지 못한
그는 자신을 원망하는 법이 없다
시답잖은 사랑들 위에 같은 부류의 사랑을 쌓으려 했던
그는 뜨겁게, 멋들어지게 서사를 풀어내려다
맥없는 설움이 목청을 '탁' 치는 통에
서둘러 헛기침하며 자세를 고쳐잡았다
준은 이층도 없는 술집의 층고가 쓸데없이 높다며
괜한 소리를 한다

크리스마스

*

중공업 버스가 늘어선 소주병 일렬을 차례로 싣는다
계단을 오르던 병우는 자리가 없을까 조마조마하다

불식간 얼굴로 침투해 오는 볕을 손등으로 밀어낸다

햇살을 잘 머금은 자리가
병우를 위해 정성스레 마련되어 있다

이 동네에 마른 가지들이 이렇게나 많았을까

묵직한 인생살이가 잠깐 해체되고, 빈틈으로 무언가
속속히 몰아친다
피비린내를 맡는 식인 물고기를 떠올린다

인류의 감정을 공유하는 일원으로
병우는 문득 건강하게 살고 싶어졌다

서둘러 가방 속에 든 빵 한 봉지를 흡입하는 그

속이 몹시도 허하다

*

 마침 눈이 조금 내리고 있다
 눈이 절대 내리지 않는 이 도시에 대한 경험이 있다고 하더라도,
 우연이 늘 도사리고 있음을 짐작한다면
 이곳에서 화이트 크리스마스를 보는 것이 그리 놀라운 건 아니게 된다
 예년보다 춥진 않을 것이라는 예보를 들었으나 마침 또 눈 때문에 찾아온 기막힌 추위.
 이 몇몇 상충과 나른함,
 캐럴 덕에 몽글몽글 또 스멀스멀 피어오르는 낭만적인 기색을 색채로 돌려낼 재간밖에 없다
 그는 눅진한 무지개를 떠올린다

 절삭유 냄새를 끌어안고 병우는 진눈깨비처럼 달려가고 있다
 신호에 연달아 걸린 버스가 야속하다
 밖에서 크리스마스를 보내자던 그녀의 의견을 막 묵살한 것이니만큼 마음이 조급해진다

*

 들어서자 향수가 가득 찬 방 병우는 머리가 아프다
 행복한 마음은 서로 간 얼마나 다른 것인가 벌써
 당신은 매년 매년 크리스마스와는 어울리지 않는 사
람인 것 같아
 눅눅한 무지개

내가 영원히 이해할 수 없는 당신과
당신이 영원히 이해할 수 없는 나와의 불협한 조화를
사랑이라 부르기로 했었다면
실로 얼마나 많은 거짓이 진실로 변모했던 걸까

닳은 구두 굽이 생겨나듯,
어느덧 눈이 덜퍽스레 퍼붓고만 있다
소리 없는 절경과
비명이다

사막 걷기

 사막을 함께 횡단하자며 반짝이던 눈빛은 이미 이 세상 것이 아니었다

 우정.

 뭐가 됐건 울퉁불퉁한 의견의 실루엣을 있는 그대로 감상하는 것

 허술한 동맹의 기운을 참아 내는 것

 이른 아침 어제와 다를 게 없는 거대한 빛이 살결을 갈라온다

 그 감촉에 따라 틀어지는
 숨 막힐 듯
 아름다운

 겁과 애끓음을 모래처럼 두르고 오랜 시간 식은 별들을 둘러보고 있다

 버짐 핀 입술의 물기를 닦아내며
 친구여,
 아멘

회식

 애틋한 순간까지도 때 지난 아포스티유 서류뭉치처럼 잊힐 줄 몰랐지
 이 몸은 이력 없이 최신화된 절차서일 뿐
 복분자 소주 또 뭔갈 섞은 술 여러 잔을 받아먹으니
 남여자친구의 유무를 허물없이 물어본다
 이미 파묻혀버린 진리의 말투로 많이 사랑하라 다그치니
 속절없이 환상에 눈을 뜨게 된 거야
 꿈만 같은 유년 시절을 완전히 잊고 산 거 같은 거지
 허덕거리던 인생의 한 편을 스테이플러로 집어, 완성돼 보이는 서류로 치워두고
 다시는 열어보지 않은 거지
 거나해질 때면 타인의 생각도 또 딱딱한 문서체도 생경하고 사랑스럽게 느껴지는 거야
 아 부드러워 당신네들
 단단한 머리뼈 안엔 부드러운 것들 천지였구나
 생각할 겨를 없이 불러댄다 한 잔 더 하라네
 좋다 너무 좋다야
 땅이 꺼진다 어둠이 비눗방울처럼 발길에 채인다 이히히 네가 새까만 밤의 왕이냐 아니 여왕이냐 한 번만 안아주렴 점점 멀어지네

정신이 하얗게… 아무 말 없이 혼자 감내하는 일이
많아지면서
 인생이란 별거 없는 것 취-하지 않는다며어어언
 취기가 시력에도 도지네
 수도의 광채가 으스러진 채로,
 눈에 들어왔기 때문이 아니겠습니까이?

휴일

 일요일 오전은 광적인 데가 있다
 요컨대 한 주간의 생활 스트레스가 각축을 벌여 따내 온, 소규모의 평화들이 한데 밀린 장소인 셈이다
 이는 [adorable]이라는 간판을 내건
 조그마한 꽃집이 휴점해서도 아니요,
 작열의 햇빛이 만개해서도 아니다

 푸근한 오후를 맞이한다 그리고 조금 산책
 아껴 놓은 명작 영화의 엔딩 크레딧이 신호등 한 번 점등 소리에 벗겨진다
 묘사할 흥미도 없는 이 동네에서의 경험은 이제 빈 깡통이나
 손아귀를 뿌리치기란 여간 어려운 일이 아니다

 크고 작은 나른함을 얻기 위한 거대한 수작이 여기 있고
 그러기 위해 여태 이곳을 살아왔는지도 모른다
 창밖 너머 적막을 구경하다 땀이 나서 온수 샤워를 하고, 무성의 흑백 영화를 본다

 낭만적인 삶을 사는 것은
 무심한 감성들을 시시한 징검다리처럼 가깝게 잇고

또 늘려서
머지않을 심판의 순간이
그와 맞닥뜨릴 확률을 높이는 것이다

월요일 같은 영화를 한 편 더 보고
화면 속 탱고를 따라 춰보다 고꾸라진다
샤워를 한 번 더 한다 이번엔 냉수
절뚝거리며 창문을 연다

 새벽 감성이 물끄러미 내려다본다 시선이 가닿는 순으로
 쌀쌀한 냉기가 잠시 소용돌이치다 멎는다
 반복적인 건반 소리가 은은히 울린다 큰 막이 되풀이되기 직전
 하늘을 나는 나무토막 끝을 두 손으로 감싸 쥐었다 까끌한 바람의 속도를 가늠하며
 피터 팬의 발을 스르륵 놓았다 아마 올라탈 구름을 만들어 줄 것이다

울증

 여봐란듯이 행복을 정의하던 패거리의 밤은
 창문을 이중으로 닫으면 더 이상 들리지 않는다
 사춘기를 막 거쳐온 사출품들은 적이 단단하고 성급한 편이다
 덜컥 물이 차오르는데 주인 닮은 가구들은 기꺼이 찌든 몸을 내어준다
 이 방에서 움직일 수 있는 건 뭉쳐 흐르는 쓰레기 더미와 갖은 영상들뿐이다
 과자 부스러기 같은 행복이 세상 여기저기서 말 되고 있다 말이 안 된다

독신

한 겹의 외로움만 더,
입혀 살아가면 된다고 생각했건대
무던하고 평탄했던
삶에 대한 소모의 일체가
부정되리만큼
어처구니없는 우연과 사건의 연속은
그 도포가 얼마나 두껍고 치밀했는지 알려주는 바

남의 사랑은 꼭두각시 인형인지라
행복을 연극으로 더 잘 보여주네
그러니 외로움의 도포는 사실
반대편에서도 여러 겹 더 덮어주는 격

이유 없이 시시로
변질되는 기분을
누군가의 생각으로 단번에
돌려 내일 수 있다면
모르긴 몰라도 숨 쉬는 것만큼은 빈번히
사랑한다고 할 수 있을 것인데

아 파묻힌다 파묻혀
사랑 편의 거암이었다면 깔려도 좋으련만

외골수의 최후

한은 열심히 공감하듯 고개를 끄덕이고 있다
그 공간에서 칼날은 외곬이지만서도,
한은 이상하게 분신 같은 그 남자에게
상실이랄까 우울이랄까 그런 부류의 유대를 느끼고 있다

한은 차츰 눈이 아려온다는 사실을 깨달았다
눈 끝 주름도 욱신욱신하니 아픈 모양이다
주름이 그렇게나 많은지 처음 알게 됐다

마스크 속에서 어렵사리 쓴웃음을 지어 보인다
눈빛이 좋다는 얘기를 들은 적이 있었다
세상의 온갖 자질구레한 각오를 십시일반 끌어와도
출입이 어려운 장소에서,
한은 단연 눈빛이 살아있다는 칭찬을 들은 적이 있다

눈을 성공을 향하는 통로처럼 대상에 이어 붙여왔다
순간마다 알 수 없는 정의감에 눈이 이글거리고
괜한 영웅심에 실속 없는 비장함을 표방해 가며
홀로 피곤하고 고독해졌다
그 눈들은 모두 사라져 버렸는데 말이다
유머와 웃음꽃이 터지는 걸 보며 웃지 못하는 한은
아으! 이를 갈며 눈빛이 좋다는 말을 증오한다!

변화의 힘

미처 데워지지 못한 열차 속엔
한기보다 차디찬 표정들로 가득했다
여명은 독한 피로를 물어뜯을 듯 바라보나
목줄에 걸린 개의 그저 그뿐이다

승객들은 주머니와 팔짱 낀 자세로 각자 몸을 녹인다
열차가 출발한다는 기관사의 안내 방송이 지직거렸다
탑승의 대단원을 꾸리려던 한 양복쟁이는 직각의 걸음걸이로 자리에 향한다
구석진 자리를 얻기 위해 별사탕 반짝이던 두 손을 말던 그에
몇몇은 익숙히 눈을 감는다 유사한 종류의 통일성이 부여된다

열차가 출발하려던 찰나,
노기라곤 찾아볼 수 없는 승무원이
반대 칸에서 벌컥 튀어나오더니
숨이 차는 와중에
바쁘게 무언갈 전달했고
조금 늦은 상황이
스스로 민망했는지
중간중간

호흡을 더 써가며
히쑥 웃음까지
섞어 보였다
비칠 듯한 눈망울이
마침내 이쪽을 향하자
바뀐 공기를 알아차린 시선은
황급히 내동댕이쳐졌다

 히터를 수리 중이니 조금만 기다려달란 당부와 미소였다
 추위와 피로가 재차 감싸 들 겨를이 열차만큼 빠르게 사라진 뒤였다

내벽의 어느 보관함

단막극 같은,
그이의 사탕
아이 따스해

혈관이 비치는 부드러운 엄마의 손등
그 손에 이끌려 본 한여름 밤의 꿈처럼

위치가
불분명해서

한동안 사탕을 조금씩 조금씩 까먹었어

이번 사탕에서도
석탄 냄새가 나는 것 같다

더 고통스러이 굳었었을 거야
이미 그 여인의 것은
슬퍼

커피 페스티벌

아플릭카 원두커피도 공짜고 멜슨 커피도 공짜

이름 모를 발자국이 연신 쏟아지고 있다

저물어가는 무드 한가운데
도넛 기름 냄새가 잡아끈다
평소 같으면 지나칠 니글한 냄새를
절절히 낚아채고
팥 도넛을 너끈히 그 자리에서 세 개나 먹어 치웠다
청년아 배고팠구나 늙수그레한 아주머니의 말씀을
듣자마자 턱이 아프다

아플릭카 원두커피도 공짜고 멜슨 커피도 공짜

나는 페스티벌 속으로 질게 뛰어 들어간다
호루라기 소리가 사진첩처럼 울려댔다

극적 전환

검붉은 심장이 최우선으로 쏟아진다
오, 거북목의 스핑크스
초대된 것은 죄책의 피를 마구 흘리고 있다 뚝뚝
백옥의 살갗같이 야시시한 순수성을
얼마나 자주 주무르려 했을까
똑 똑 핏물이 공명하고
다시 서늘하게 마르기를 반복하는 중에
발버둥을 치던 것 같아
취할 수 있는 가장 고고한 자세로

여기는 바람이 입안 가득 환희를 물고 난다
심장은 녹아버린다

백골이 급히 바바리 코트를 입었어도,

온 것이 철철 흐르는 채로 과연 심장이 서 있었다

로맨스

애무

 세진은 손이 끈적이는 걸 도통 견딜 수 없었다
 자리엔 알코올 세정제가 즐비했고 틈만 나면 손을 비벼댔다
 키보드의 기름이나 피부로 낙하하는 먼지, 핸드 티슈의 질감도 찝찝했다

 매리는 유분이 묻어남을 싫어해 화장을 거의 하지 않았다
 가족과도 한 그릇 음식을 나누지 않는다고 했다

 세진은 가죽 소파에 기대앉은 매리의 콧방울에서 아이스크림 자국과 화장기를 차례대로 발견한다
 단내나는 손을 뻗었다
 매리의 무심한 표정에 그만 코를 혀로 살짝 핥고 만다

 심장이 덜컥 내려앉을 만큼 놀랐지만,
 이내 매리도 그이의 얼굴에 아이스크림을 바르더니 조용한 입맞춤을 한다
 가식적인 웃음소리와 불필요한 근육은 필시 사라졌다
 그들은 아이스크림과 함께 서로의 얼굴 구석구석의 유분과 먼지를 핥아 나갔다

 섞인 화장품이 의외로 맛없지 않았다

장거리

 소희는 시동을 걸고 결연히 운전대를 잡았다
 열세 시간 하고도 이십삼 분이나 일을 한 그녀의 마음엔 어느새 두 골목짜리 야시장이 들어와 있다

 일이라고 해봐야 차에 탔을 땐 이미 그녀의 손아귀를 빠져나가 있다
 내치자 앞으로의 세 시간은 알러직해도 꽃밭으로 굴러가는 셈이니까

 잠 좀 자고 있으라는 말에도 버티는 남자 친구의 안간힘을 떠올리면 잔털이 곤두선다
 졸음을 버티면, 찾아오는 소희와 피로의 균형을 얼추 맞출 수 있겠다고 했었나

 소희는 아주 긴 신호 앞에서 평일의 밀도를 실감한다

 시간은 밤 아홉 시 사십 분을 가리켰다

 잠은 크락션으로 깨워야 했다
 그녀는 놀란만큼 의지적이어서 나는 그와 심야영화를 볼 거야고 태연하게 콧노래를 흥얼거렸다
 박동이 아가미처럼 첩첩거렸고 바깥 시야가 서서히

암흑으로 구겨지자 관자놀이가 울렸다
 일시의 역전 현상. 또는 거짓말.

 피로가 달아난 곳에, 산채로 활활 타오르는 새로운 사랑의 유형을 의심하면서도
 미리 속 무분별하고 직선적인 존재마저 기특하게 여길 만큼 충만한 것 같았다
 부풀어난 그녀는 정말 한 톨 표정 변화도 없다

 미안해요 나 가는 중에 잠이 깼어

 소희는 그이가 졸라 함께 탄 자이로드롭이 멈추고
 안전바가 올라간 순간처럼 들뜬 채 반대로 달려가는 밤거리를 구경했다

소년의 이별

— 소년은 13살이 되던 해 아주아주 중요한 사실을 깨달았다

 단짝인 소녀가 트램펄린장에서 참새처럼 뛰다,
 이사를 한다는 말을 공중으로 날려 보낸다
 말은 공중에서 한 바퀴를 돌아 착지한다
 완전한 벽력(霹靂)이었다

 소년은 귓속이 윙윙거리고 다리가 후들거리기 시작했다
 너무 오래 탔겠거니 싶었다

 더 이상 함께 모랫구멍을 팔 수도 지우개를 잘게 쪼갠 뒤 소녀의 머리카락 속에 던져 넣을 수도 없다고 생각하자,
 눈물이 찔끔 났다

 이별의 순간 손을 흔드는 게 전부였다
 아 소년은 난생처음 회색 새벽 속에서 잠을 설친다

 앓은 소년은 며칠 뒤 웬 다 큰 남녀가 길거리에서 목에 굵직한 핏줄을 보이며 싸우는 걸 봤다

헤어지던 날 잠이 덜 깬 덕에 무덤덤하게 보였을 걸 안도했다

사랑은 오래도록 서로 붙어있다가 고꾸라지는 게 아니다
지나치게 평범해진 기억에 형광펜으로 괄호를 조금 칠해두는 행동이다

정의가 내려지고 있었고,
뭐가 뭔지 모르는 사이 출구는 그대로 닫혔다

재즈와 신기루

 재즈 스타트!

 승태의 크리스마스 아침은 거의 빈 유리잔에서 시작한다
 누런 물은 보리차가 아니라 코냑이다
 옆에 코냑병이 있기 때문이다

 얘 혈관을 타다 하도 추워서 뛰쳐나왔어
 빈 꼬냑 잔처럼 뜨거운 피가 하나도 없다
 휴지 뭉치는 장미처럼 말라있는데
 그 위로
 꾹
 담배 옆구리가 터져 잎가루가 튀어나와 있다

 얘 봐 이렇게 저렇게 어깨가 빠질 듯 털고있다
 눈이 충혈됐는데
 글을?

 한 남자가 크리스마스에 고백을 한다.
 콧대 높은 여자는 따귀를 친다.
 화끈해진 얼굴.
 심연에 빠질 만큼 울적한 기분이 된다.

비로소 크리스마스의 제대로 된 분위기에 젖어 든다.
꿈쩍도 않던 시간의 등을 떠밀 수 있게 됐다.

몽롱한 기분이 드나보다
신기루는 아무나 볼 수 없기 때문이다
졸린 건가

뺨이 화해지고
고개를 쳐박고
케첩 같은 코피를 왈칵, 쏟고
얘 좀 봐요
경쾌함의 시소를 타고 하염없이
침잠해 들어간다니까요
어머나 얘 좀 봐줘요
하염없이

정열의 형태

나는 정열이 없다
정열의 형태랄 게 있다면
화재에 녹은 눈의 그을음 정도일 것이다

정열의 형태에 정열을 쏟아붓고,
정열을 유지하는 데 정열을 쏟아부어도
더욱 타들어감은 없다

그것은 되려 냉담함의 무엇이다

나는 왜 차가움을 생각하는가

끝내 싱그러운 추위와
눈이 슬은 곁가지를 상상하고야 마는
나는,
끈질기고 낯뜨거운 열정이라도 된 것일까

철들기

공훈은 혈관을 타던 늙은 물고기를 조심스레
은화에게 넘겨준다

엉겨 붙은 광어회 한 접시 같아졌다

통째로 버리려던 것일까?

차디찬 금속성에
공훈은 그 사람을 좋아하면 안 돼
그 사람은 신발 뒷굽을 구겨 신는 칠칠찮은 여자야고,
머릿속을 탕탕 울리던 첫 만남의 회상을 지우려 애
쓴다

불시의 상상은 고요히 우스워진다
죄인. 너무나도 죄인.
그의 나이는 곧 불혹에 접어든다

40을 몇 차례 되뇌자
놀랍게도 멋스러운 턱수염이 콩나물처럼 쑥쑥 자라
났다

은화의 웃음이 담뿍 터진다

개성적 호소

 그녀를 한번 지켜보자

 선영은 자신의 키만한 맥 코트 자락을 흩날리며 담배를 문다
 구운 캐슈넛 같은 손가락엔 실버링 두어 개
 금빛 가드링이 자리 잡고 있다 모두 빛바랬다
 나의 엄지보다 두꺼울 수 있겠다

 손목에는 필기체로 옮겨진 라틴어 문구가 보인다
 aeternum iuvenis (영원한 젊음)

 담배를 처음 입에 댄 순간이 희미하단 표정이다

 손거울 속 모습에도 감정의 날을 세우지 않는다
 시나브로 정든 태초의 조각상이 완성에 가까워졌다고 믿기 때문인 것 같다
 얼굴의 몇 부분을 섬세하게 주섬거린다

 계속 지켜보자
 턱선은 화장 티가 나지만, 조금 말라 보이게 한다
 매부리코는 탄탄하다
 옆에서 보면 갈색 눈이 매우 짙다

언 손으로 두어 번 베이핑하며 외투의 먼지를 털어내더니
 구두 뒷굽도 확인하는 모습이다
 팔짱을 낀 채 자신을 꼭 안은 선영,
 홍보용 입간판처럼 가게를 향해 뒤뚱거린다

같은 열에서 말보로를 피우던 푸근한 남자가
찰흙 같은 손으로 그녀 어깨를 톡톡 친다
취기 가득한 선영은 미간을 금세 다림질한다

이때였다

야자실

가연은 병욱을 유심히 지켜보기로 한다
활력 넘치는 시기에 이성을 순수히 관찰하는 건,
축복이기도 하니까

그의 뒷모습은 어떤 평온에 다다른 것 같았다
존속의 여름이 곧장 셔츠 뒷장을 적셔버리긴 했으나
그럴수록 묘하게 더 평화로워지는 것이었다

하교. 그의 편편한 등엔 형체를 알 수 없는 몇 개의 눈도장이 찍힌다
개중 지긋이 누르는 것도 있었으나, 눌려진 것에 우위나 감정은 없다
모든 게 허사에 가까웠다

가연은 샤프심을 갈아 끼우던 병욱을 더 오래 바라본다
안정적이고, 대체로 우월하다

동아리 봉사활동으로 병욱이 하루간 자리를 비웠을 때
가연은 그 감정을 찾느라 수업 진도를 놓치고 만다

'넥타이 없는 셔츠, 물이 끊긴 호스, 막스의 이빨, 헬

렌의 교과서, 전향의 울음, 울음의 골, 묵상의 환영, 불운의 웅덩이…'

  잉크물엔 뼈가 보여서 중간 중간 네 곁에 있고 싶고
바라만 봐도 좋다는 부류의 대사가 비쳤다

  펜대를 입에 문 채 잉크가 마를 때까지 기다린다

  주말. 가연은 힘없이 야자실로 들어선다
샤프 소리마저 나른해질 오후 무렵,
마침내 '시지프스의 광휘'가 확인되자
그 무심한 등판에 폭삭 안기고 싶었다

노파

쿠우후욱 쉬익
뭐가 오는지 잘 모르겠다만
굳센 입김은 마냥 두려워하지 않을 것이여
그시기 무언갈 찾고 있슨디
어둠이 내려 보이지가 않니
가만 있자 이럴 때가 아니지
돌나물에 된장 좋아하던 작은 아들램 표정 하나 챙기고
그려 당연히 기뻐하던 걸로
주마등이 지나간다
형형색이 아니라
죄다 복제품인겨
아스라이 멀어진다아
쿠우후욱 쉬익
엄니 우리 엄니
잘 있는 것인감
보고집쏘 그날부터 여태까지
영춘아 그땐 어찌 사랑한다 말했니
에구 남사시러라
쿠우후욱 쉬익
더 말할걸 그랬제 그냥
너 좋단 사람도 꽤 있었담서 웃겨

쿠우후욱 쉬익

쿠우후욱 쉬익

내새끼 어미가 사랑혀

쿠우후욱 쉬익

쿠우후욱 쉬익..

..

선생님 어머니가 이상합니다

아침에 커피

2101호 펠리스에 여느 때처럼 새벽이 서렸다

남자는 약간의 냉기와 암흑 속에서 잠을 뒤척인다 달콤한 설탕 계란물 속 식빵 같다

굉음이 꿩꿩 방바닥에 떨어지자 남잔 왼팔을 죽 뻗어 어둠의 일각을 더듬거린다

값비싼 크리스탈 무드등이 짤칵 점등된다 바닥에 빛과 소음이 홍건하다

이것은 의지와 의식의 빛

잔상을 따라 비틀거리더니 찬물로 입안 가득 헹구고 트위그뉴욕 꽃모양 찻잔에 밀크커피 두 스틱을 쏟는다

달큰한 커피를 홀짝이며 태블릿을 넘기다 보니 37분이 훌쩍 지나 있었다

기지개 한 번을 만족스레 켤 수 있는 정량으로 나른한 샤워를 이어갈 수 있다

창을 열고 잉크 냄새 나는 일간지를 읽으며 몇 가지 생각을 정리한다

물론 근래의 생각이다 이 방에 한 번 갇힌 건 나가기 어려울 것이다

커피 냄새에 아로마 향이 물씬 묻어나자
남자는 아침의 형상들이
점
자
처
럼
만
져
질
것
같
다

냄새

두통과 취기로 깊은 잠에 든다 택시인가
지난밤 머리를 감고 다시 잠자리에 든 것 같다
울렁거리는 후미등이 마지막
어디에도 깬 기억은 없다
금요일이 토요일을 잡았는지?
지친 몸이 잠 속으로

덜그럭럭

어머니가 싸주신 도시락 가방을 꽉 쥔.

뒷머리에서 목덜미로, 또 뺨을 타고 기름진 냄새가 흘러 다닌다

번쩍

카랑카랑한 목소리가 숙취를 깨운다
버스 손잡이를 바꿔 잡고 야상 카라 옷깃을 세워 냄새를 가두자
여자의 목소리가 더 선명히 귓가에 울려댄다
이번 크리스마스 여행은 최대한 짐을 가볍게 하려고 호텔 쪽에 옷을 몇 벌 사다 두었다고 했다 웃음

그녀는 머지않아 미지의 세계로 떠날 것이다
비행기에서 잠을 푹 자고 터미널에서 뭘 먹을지 재미난 고민을 하게 되겠지

도시락 가방에서 오래된 플라스틱 냄새가 조금 섞인 소불고기 향이 몰칵

늘 듣던 헤드폰을 틀고, 끈적한 재즈바 노랠 착용
아니 아니 헤드폰을 착용하고 노래는 먹는다

소진

층고 높은 여기 카페의 핀 조명처럼
아주 굳어 버린 줄만 알았는데

목을 쭉 늘려봐도
차마 갈아 끼울 순 없겠어요

한 모퉁이가 침침해져가겠군요

턱을 괴고,
맑은 정신이 필요하겠지요
당신의 향연이 필요하겠지요

장의차의 창문

속 빈 얼룩이 촘촘했다
이따금 자세히 보아야 할 일이 생기는데,

물과
병과 사랑은

나만큼
첨예하지 못한 것 같다

마른 물기

 레일에 물결이 치고 있었다
 희뿌연 눈을 비비며 선영이 걸어온다
 아니 선영은 철벅 철벅 물기 많은 타일에 스며들며 사라진다
 어머나, 선생 아가씨요!

 선영은 할머님들 사이로 젊은 남자 우성을 발견했다

 눈가엔 검은 수액
 다크 서클이 말라있다

 샤시간에 선영의 입이 가장 먼저, 타일 위를 부유한다.

 수업 내내 그녀는 지도에 집중할 수 없다
 말랐지만 옹골진 알밤 근육을 보면서 그런 타입을 상상이나 해본 적 없단 걸 알았다

 흙빛 입술로 수영을 난생처음 해본다고 했다

 그에겐 물에서도 지워지지 않는 타바코(Tobacco)와 꿀 냄새가 났다

선영은 낡은 이상형의 몇 가지 유형을 찬찬히 뜯어보고 모조리 철회했다
 우성은 그 축에 낄 수조차 없었기 때문이다

 손등이 그의 허벅지와 접촉하게 되었는데 눈에 불이 보일 정도였다

 평생 그 짓만 하고 살 수 없는지 진지하게 고민했다

 건조하고 어눌한 우성의 몸짓에선 왜인지 물이 범람하고 있다.

 숏핀을 흔드는 어르신들이 시야에 덜컥 들어왔고, 아마 야릇한 눈초리셨다

낙관

잠은 덜 깼지만
나는 가지런히 앉으려 한다

면목가증한 미소가
거울 속 습기처럼 쏘다니면
나는 그것이 불쑥
나타나고 사라짐을 알아챈다

벼락인 것이다

웃음이 실밥처럼 툭

호흡을 가누지 못할만큼의
폭소

아침이라는 흰 셔츠에 떡볶이 국물이 튀기 시작한다

소복한 공간에 얼룩이 지자

나는 횅하니 불 꺼진 어둠에게도
감히 입꼬리를 꾀어내려 한다

감정 트랜스미터

어 저한테 하는 거 보셨어요
헐
웃기죠

할말이 없네요
짜증난다
그죠?

이상한 사람이네요
아닌가?

기분 나빠요
우리끼리 좀 웃어나볼까요?

그래요
한바탕 투과해 간 뒤
우리만 남았네요

서로를 믿게 하는 것들 중
가장 부드럽고 진중한 것이 남았어요

저는 그래요

이건 비밀

우리 서로 재밌지 않나요?

열병의 경로

꽤 장황했단 걸 뉘우쳤을 땐
박한 눈빛이 올 차례
허락된 핏줄을 곤두세운다
즉각 즉각 허기를 달래주어야 한다
결핍될 지점임엔 틀림이 없다

표정 없는 숙녀는 악의없이 눈을 마주쳐 주었다
당신의 목소리를 좋아하는데
당신은 혼령처럼 보기만 한다

나는 이다지도, 우주의 함의를 일축하는 존재일까?

각별함 속에 당신도 간극을 무사히 견뎌냈다
당신의 눈을 좋아하게 됐다
당신의 침묵도

떨리는 그 동공은 마치 돌고래의 것인 양 흑막으로
뒤덮인다
천천히

느리게

몇 층위의 패배를 안고 그냥 물속으로 깊이 빠져들고 싶다

 금방 주저앉을 것이다
 서 있는데 미약이 남은 힘을 주고 있다
 나는 떨리는 목소리를 좋아하지 않는다
 다달다달 건조한 입막음에
 바닥에 끌리는 통 큰 바지가 느리게 춤을 추며 사라진다

 이제 청바지 뒷주머니의 주름이 접히는 형상까지만 사랑하기로 한다

새우잠

온통 동경의 꿈이다

여인의 눈두덩이가 모나리자처럼
눈썹도 없이 퉁퉁 부르터 있다

무심코 안으려는 순간
그는 잠에서 깬다

 덩덩어리 밀크 커피로
 아침을 대신하는 건 못 써

싱거운 모금마다 마음에 통풍이 일자
등줄기에 선잠을 주렁 달고
레이스 달린 옷가지를 냄새 맡는 그

철사처럼 휜 울음을 터트린다

몇 차례나, 키 큰 황 갈대밭이
들불로 번져감을 상상하면
꿈속에서보다 더 굽고 단단한
몸의 형상이 되어
차마 움직일 수 없게 된다

속편

동화 속에서 피 흘린 채 추방되던 당신을 보자
마침내 겁쟁이 기사가 되어도 좋겠다 결심했지

감식안이 안개처럼 흐려지려자
멀건한 무릎을 당신에게 내주겠다 다짐했지

핑크빛 폐허

 섣불리 붉은 심장을 내어주지 않는다 그것이 현대인의 룰

 거칠지 않은 시선을 한 두 푼 섞다 보면, 교차 논문 한 편쯤은 챙길 수 있을지 모른다

 어설프게 발제한 경험은 꽃받침만 한 혁명이 됐다

 칠이 벗겨진 철문의 연구실은 그날부터 핑크빛으로 물들기 시작한다

 가열된 안구 표면에 설탕 가루가 천천히 굳어갔다

 지형이 미세하게 다르고 좁게 변색된 구역이 이상하게 여겨졌다

 잠시 눈을 붙이자는 생각에 그곳에 몸을 말았다 서로를 찾을 수 있었다

 일상적인 말을 속닥이는 것만으로, 연구실 벽면에 핑크 색소가 어떻게 조금씩 묻어 나오곤 하는지
 그 색소 속에 살고 있는 소로 요정 덕에 입꼬리가 실

로 당겨져,
 얼마나 뻣뻣함을 느끼고 있었던지 신기할 따름이었다

 호기심에 핑크 솔트나 로도크로사이트 분말을 구역 주변에 더 뿌려보며,
 실은 살결의 파편마저 붉은 기를 띠고 있었음을 알게 된다

잠식

쓰라리도록 지루한 세계가 막 눈을 뜰 때
그때야말로 온전한 그대의 시간

마름이 시작될 때 — 그대 보조개 속에 물처럼 고여 있다가
달콤한 바닐라 라테로 옮겨와
생각이 바싹 탈 때까지, 그 위에 조용히 죽칠 것

갈대밭같은 흰 잔털들이 온다
나는 그곳에 쉽게도 숨겨지거나 드러나고,
하나의 세계를 더 가졌음을 마음 가득 느낀다

몰입 — 머그잔의 손잡이가 점차 구겨지자
황량함 속에서 자꾸만 돋아나는 순애에
정신을 차릴 수가 없다

녹색 늪

늪으로 발을 헛디뎠을지 모른다
괸물이 초록의 잠결 같아서
적층된 나뭇잎 더미에
속절없이 몸을 침투시켜야 했듯
단순히 청량감을 얻기 위함이었다
쭈그려 검지 하나를 쑥 집어넣은 뒤
주먹 넣어볼 것을 기약지 않고
몸통을 던져 곧바로 다이빙을 한 것이
실수라면 실수다
입과 귀와 눈 속에 창포와 벗풀 그리고 흙덩이가
비집고 공박하여도
그래 버텨야만 하는 것이다
웃으면서 견딜 수가 있는 것이다

자백

 형광등을 당장에 꺼요
 거실에 있던 버섯 조명을 가져와 켜두기로 해요 피아노 상판이 제법 화사해졌죠 노란빛으로

 현우는 건반이 안 보인다면서도 더듬듯 손을 움직이기 시작한다
 코끝을 찡그리는 건 몰입의 표시다 묵직한 저음이 곡에 섞일 때마다 가슴이 투닥거린다
 저 그윽한 미소가 황홀함의 본체다

 이제 피아노 모서리에 턱을 박고 피를 철철 흘려도 억울하진 않겠어요
 낭만주의자의 푸른 눈을 동경해 볼래요, 웃겨

 현우가 늦는 바람에 소극장 티켓의 수수료를 물렸다
 그의 예술성이 눈 속에서 반짝이는 걸 어찌나 상상해 왔던지 눈물 나
 자취방엔 빨랫감이 죄다 방바닥에 널려 있었다
 외출하고 돌아온 그의 발 냄새는 썩은 화약 같아서 발가락 통째로 삶고 싶은 생각이 든다

 사실 하루하루가 도박 같아요

형편없는 그의 습성들을, 피아노 선율 속에 밀어 넣는 베팅을 해야 하거든요
 악취가 미운 것이라면 오산이에요 꾸준함은 함락시킬 힘이 있어

 저도 일기를 매일 쓰거든요
 삐뚤거리는 방음판에 고약한 피아노 냄새가 배어든 걸 모르진 않았어요 정말로

 아이고 서러워라 졌네 졌어 성실도의 겨룸에서 제가 졌어요

과격한 모노드라마

 목 위로 기름이 넘쳐 온갖 느끼한 말을 쏟아댔다, 그 아래로는 냄새가 없고 쓸만한 근육이 없었다

 벽지에 머리카락을 덕지덕지 눌러가며 이제는 반대로 살겠다고 한다

 일생일대의 가장 큰 호소가 된다

 호소는 먼 우주를 부드럽게 유영하는 일로 번진다

 암흑물질로 머리가 잔뜩 감긴다

 집요한 의식은 과히 유쾌다

충동

 화창한 오후, 호휘는 자전거를 타고 탁 트인 교정을 누빕니다.
 햇빛 조각들이 쏟아지네요.
 고개를 똑바로 들고
 빛의 실타래를 천천히 풀다 보면
 어지간히 꿰뚫려요.
 옆으로도 조금씩 밀려나고요.

 눈이 상한 호휘는 세상의 신비를 얻고,
 거세게 페달을 밟습니다.
 멈춰 서서 질흙으로 얼룩진 고양이 산책로를 구경하기도 하죠.
 숨 가쁘게 내쉬는 호흡에서 정말 청량한 맛이 난다고 생각하나 봐요.
 표정이 상쾌해 보여요.

 등나무 숲 벤치 옆에 자전거를 세워 두고,
 지나가는 개미들을 바라보네요.
 과자 부스러기를 함께 나르는 개미들은 정다워 보이면서도
 서로를 밀치며 신경전을 벌여요.
 호휘는 그 모습을 지켜봅니다.

그다지도 후끈한 풍경과 개미들이
지평선 시야 끝에서 겹쳐져요.

그 순간, 시야에 들어온 개미 행렬을
혀로 핥고, 오독오독 씹어 먹고 싶은 생각이
불쑥 들이쳤답니다.
잠깐이었어요. 아주 잠깐.
왕관 현상처럼요.
유명한 광고에서 우유가 화려하게 솟구치는 그 모습, 아실까요?
초고속 카메라로 찍어야 보인대요.

안심하세요.
쓰리, 투, 원.
벌써 잔잔해져 버렸답니다.

공명

 형욱은 원룸 현관을 무슨 스프링처럼 튀어다닌다
 이제 그들이 살게 될 곳은 금속성 소음이 가득한 CNC 공장 밀집지역이다

 윤영은 아주 작은 불운을 튀어나온 내의처럼 쉽게 숨긴다
 불평을 모르는 우리의 형욱은 윤영이만 좋으면 된다고 한다

 매일의 출퇴근이 데이트였다 그들은 아침마다 서로의 피부장벽을 살펴본다
 쉽사리 무너지진 않을 것이었다
 안심에서 오는 야릇한 행복이란!

 행복이 제 발로 찾아들자 형욱은 좀 가련한 상상을 한다

 윤영은 마음에 여유가 생겼으니 청약을 추천한 친구에게 스시를 대접하자고 말해온다

 상상력을 부러뜨린다
 실내가 보이는 금속 공장에 이르자 아내의 다음 말

이 입체적으로 쏟기어 온다

 인도와 차선의 경계가 불분명한 구간에서 그녀의 팔을 잡아당겼다 이명이 온 것 같다

 세액 감면 혜택에 누락된 항목은 없는지 휴대폰을 들여다보던 그는 인중이 요상하게 간질간질한 것 같다

 아무래도 점심을 급히 먹고 마무리해야겠다고 다짐한다

 클램프에서 미끌린 거대한 쇠파이프가 그의 머리를 내려치고 그대로 윤영의 눈앞에 떨어진다 그러나

 곁눈질로 공장 내부가 역시나 너무 훤했다고 말할 타이밍을 간발로 놓쳤다

 세상은 일시 정지되고 윤영은 쇠파이프가 훑고 와 산산히 조각난 유리가 본인의 가슴 속에도 파묻힌 것이 틀림없다고 생각했다

 탭. 드릴 후. 동시절단.

우스꽝스럽게 절단된 간판 글자처럼,
 그녀의 관자놀이가 활어의 심장처럼 펄떡거리던 찰나였다

LO-FI

*

 샌님의 퇴폐한 외모에 멜은 입맛을 다신다

 왜소한 어깨에서 민소매 끈이 치즈처럼 흘러내리자 치아로 물어뜯는다 토실토실 아가 분냄새가 난다

 덥수룩한 옐로우 히피 펌의 샌님에게 불완전한 모성애는 그렇게 접근해왔다
 글래머 몸매를 그에게 던져주고만 싶었다

 샌님은 그녀의 거뭇한 인중밖엔 안 보였지만 지나치게 많이 가진 듯한 멜을 내칠 수 없었다

 허나 그는 매일이 엔진 굉음이다

 멜은 샌님의 소극적인 몸짓이 한낱 슬픔 때문이라고 믿었다 괴기한 형상으로 그의 입술을, 힘껏 애무했다
 아무렴 샌님은 자꾸만 이마가 뜨거워져 자기의 머리통이 터지는 상상만 하고 있었다

*

  샌님의 슬픔이 깊을지도 모른다고 생각한 건 굴곡있는 어깨뼈를 쓰다듬고 난 뒤였다

  멜은 이제 그의 슬픔의 골을, 해부도를 더듬어 보기 시작한다
  그래야 밤이 덜 외로웠다

  샌님도 부모님의 폭발음을
  멜의 신음으로 채우기로 한다

  굴곡, 사랑, 애달픔.

처절한 이별을 보내마

순수함이여
아집이 일군 검회색 마음을 봐주오
점점 무겁게 번진다
단단해진 어둠을 풀어헤칠 끈은?

울음을 참아도 격변이 없다면
순수여, 앞뒤를 모르는
너를 내 손으로 끊어야

순수함이여
내가 가마

뜨거운 찻잔 속 가라앉는 찻잎이여
하얗게 세가는 조약돌이여
곧 내 다시 보러 가마

어느덧 나의 시집들이여
나의 사랑을 서투르게 한
오래된 너희는
사랑을 산책과 두근거림 곁에 있도록 해주었지
우주의 한복판에 있어도
결코 닿을 순 없게끔

텅 빈 연대기를 모두 이끌고
내 그래도 한 번 더 보러 가마

우주의 기운

모든 소리의 기운은 우주로 귀착된다

금방 사라질 것들
홑껍데기들

죽는 정열들
사라지는 외침들

담백한, 우리네의
것들

그 매력을 기억한다
우주가 기억하듯

우주의 발단
우주의 근원
우주의 빛
우리의 뜨거움

금방 깨질듯한 크리스탈 유리잔이
소멸하기 직전
당신의 땀은

방울방울 말라가고 있다

아, 파리한 사랑스러움의
유기성을
본다

프리즘

채도가 높아서
눈이 부셨다

무늬목 같은 얼룩덜룩 유리창은
희미하고 탁한데

새빨간 소방차가 울리고
화재가 보이고

금세 터널의 조명이 번졌다
나의 실루엣도 번진 채 입을 막고 있었다

응달이 천천히 눈을 감겼다

감칠맛나는 피로가
겹의, 영양가 없는 목을 움켜쥐다말다

뒤늦게 슴슴해지는
참으로 묘한 멋이었다

『죽은 시인의 사회』 발췌

이하,
우리는, 언젠가, 차갑게 식는다.
차갑게, 식는다.

뜨뜻한 아메리카노 눈물 자국 셋.
경쾌한 소울 재즈 한점 막 재생되더니
에로스는 옆구리의 활시위를 뜯어내기 시작했던 거에요
이마에 한 손을 얹고 한심하단 표정으로 분리한 활시위를
저를 향해 집어 던집디다
틱 그 서늘한 소리에 심장이 뛰더군요
손가락질을 하데요?
마음이 아려요 귓등이 쿵쿵 재즈의 베이스 박자 되어
별 수 없이 제 딴엔 소상한 선물들 쏴아아

"사랑한다는 말이 너무 잦으면
사랑한다는 말을 사랑하는 것인가

사랑한다는 말이 때로 무성의하면
너의 허공을 사랑하는 것인가

책임을 피하려 사랑 대신 썼던
수천의 단어를 뒤로 하고,
무거운 사명을 가지고
마침내 사랑의 포문을 열었으니

그 속에 사랑이 넘치지 않고서야
견딜 수가 있겠는가"

꾸욱 씹어 삭이는 표정이 보여
아차 싶더니 격하던 외마디가 차가워져
잠시 눈을 굴리던 당신은
주섬주섬 스웨이드 토트백을 챙기고
말없이 떠나던 때에
제가 아니라 화창한 날씨와 재즈가 말한 거라니까요
변명할 틈 잃고
식은땀이 삐질
요망한 아가 조각상은 벌써 저쪽으로 고갤 돌렸대요?

반향

안개

안녕.

병아리같은
인사

안개 정중앙에

노른자같은 태양이 아른아른

나는 쓸쓸하고 조용한 동네,
어느 카페 문을 벌컥 열고 들어간다

안녕 안녕

정말 안녕!

사내 커플

 선구와 선미는 존댓말을 쓴다

 사랑의 서약을 지키기 위해서다

 서로에게 처음인 관계 한 번이 어설픈 증명서다

 웃풍이 도는 사무실에서 선미는 전화받을 때 선구를 대하듯이 말한다

 인쇄용지나 토너가 떨어지면 선구는 솔선수범해 뛰어와서 일을 도맡는다

 사람들은 이 미묘한 눈속임을 본인의 노화만큼은 느낀다
 보기 좋은 커플이라 아주 가끔은 칭찬한다

 장이 좋지 않은 선구는 늦은 오후 무렵 부루룩대는 배를 패딩으로 감추느라 애를 먹는다

 칸막이 하나를 사이에 둔 선미가 이 소리를 듣고 실망할까 식은땀이 난다

부서의 팀장이 날 선 말을 해댔던 탓에 선미는 업무 보고서를 다섯 번째 검토 중이다

가끔 서로가 회사에서 지워지는 듯이 느껴졌다

그러나 언제나 서로는 하나의 번외 업무였다

품질 심사로 사무실이 얼음장처럼 차가워진다

선미는 심사원에게 줄 음료를 회의실로 나른다

손이 미세하게 떨렸다

한 심사원이 선미의 환한 미소를 알아본다

몇 가지 즐거운 이야기를 나눈다

팀장은 수백 페이지의 카탈로그에서 오기를 잡아내지 못한 선미를 불러내 닭 잡듯 몰아 붙힌다

선미는 전화를 받지 못했다고 했다
밀려오는 설움에 눈물을 보이고만 선미는 조퇴를 한다

선미는 윗선에 팀장을 강력하게 고발함으로써 그들 사랑의 심지를 가능한 지키려고 한다

선구는 잘하셨다는 문자를 보내온다

집으로 돌아온 선미는 이제 손쓸 수 없는 사건이라 여긴다

자신을 다독인다

튀김을 떡볶이 국물에 담가 먹다, 양치하다, 또 잠에 들기 직전까지도 잘잘못을 따져 나가던 선구의 목소리를 막을 순 없다

선미는 노선을 분명히 해야겠다고 다짐한다

몇 가지 선택이 당장 코앞에 닥친 셈이다

숙면

오늘 몹시도 피곤했다
노동을 했기 때문이다

그러나 한겨울 밤의 뿌듯함을 알고 있는가

고요하고 사랑이 넘치는 마을의
들뜸을 그대들은 알고 있는가

옷을 겹겹이 여미며
누군가에게 사랑을 속삭이고 싶은 이
싱거운 기쁨을 아는가

알고 있다면야
그것이 편하게 숙면하도록,
다시 내일을 볼 수 있도록
자주 고개를 들고
별에 눈을 맞춰보자

입체성

고작
한 단의 겹을 더 쌓는 일은
몹시 어려웠다

고층 건물은
눈이 시릴 만큼
아름다웠다

모두, 심원하고
농밀한
입체성 때문이었다

실물은
움푹 들어가
경이롭기 그지없었으나

한 단 더
오르내림은
나를 부끄럽게 했다

경이로움은
어김없이 부끄러워할 만한 것이었다

실 거미

아침에 실 거미를 봤다.
죽이기 싫었다.
출근해야 했다.
나는 신입이었다.
퇴근 후, 샤워를 했다.
격정적이었다.
샤워를 끝내고 나니
욕조 한쪽에
실 거미가 꺾여 있었다.

끝.

암흑물질과 로맨스

초판 1쇄 인쇄	2025년 11월 26일
초판 1쇄 발행	2025년 12월 10일

지은이	이동형
펴낸이	이장우
책임편집	송세아
디자인	theambitious factory
편집 제작	안소라 김소은
관리	김한다 한주연
인쇄	KUMBI PNP
펴낸곳	도서출판 꿈공장플러스
출판등록	제 406-2017-000160호
주소	서울시 성북구 보국문로 16가길 43-20 꿈공장 1층
이메일	ceo@dreambooks.kr
홈페이지	www.dreambooks.kr
인스타그램	@dreambooks.ceo
전화번호	02-6012-2734
팩스	031-624-4527

이 도서의 판권은 저자와 꿈공장플러스에 있습니다.
이 책은 저작권법에 의해 보호받는 저작물이므로 무단전재와 무단복제를 금합니다.

일부 맞춤법 및 띄어쓰기의 변형은 저자 고유의 글맛을 살리기 위함입니다.

ISBN	979-11-24181-01-0
정가	13,000원